अपने आगे-आगे

(कविता संग्रह)

अपने आगे-आगे

ज्योत्स्ना मिलन

ISBN 81-7055-932-4

वाणी प्रकाशन
21-ए, दरियागंज, नयी दिल्ली-110002
द्वारा प्रकाशित

प्रथम संस्करण : 2002

मूल्य : 100.00

नागरी प्रिंटर्स, दिल्ली-110032
में मुद्रित

APNEY AAGE-AAGE
by Jyotasna Milan

अनुक्रम

रात

सबसे पहले
शुरू होता है माँ का दिन
मुँह अँधेरे
और सबके बाद तक
चलता है
छोटी होती हैं
माँ की रातें नियम से
और दिन
नियम से लम्बे
रात में दूर तक धँसे हुए

इसे कोई भी
दिन की घुसपैठ नहीं मानता
माँ की रात में

पैर सिकोड़कर
रोज़ सोती है
गुड़ी-मुड़ी माँ
बची-खुची रात में

पैर फैलाने लायक
लम्बी भी नहीं होती
माँ की रात!

पैर

खड़े थे पैर
असमंजस में
चलें कि खड़े रहें
सोच में पड़ गए वे
चलने से पहले

चट् से
उठते थे
और चलने लगते थे
बचपन में
नहीं होती थीं कोई निश्चित वजहें
चलने की या खड़े होने की

पैरों ने कभी
कल्पना भी नहीं की थी
कि वे सोचने लगेंगे
एक दिन।

करवट

चरमराते तखत पर
लेटे लेटे
रात
बहुत देर तक
सोचते रहे वे
करवट बदलने के बारे में
उनके लिए
करवट बदलने से आसान था
उसके बारे में सोचना
अपने से अलग
रखा जा सकता था घर को
सोचते हुए।

करवट बदलने पर
हड़बड़ा सकता है घर
घिर आ सकता है
तखत के गिर्द।

वे चाहते थे
तखत
कम से कम दे
अपने होने का प्रमाण
इसके लिए ज़रूरी था उनका
बहुत देर तक करवट सोना
और इसके लिए ज़रूरी था
बहुत देर करवट बदलने के बारे में सोचना।

पृथ्वी से बाहर

अभी अभी
घसीट लाई थी हवा
बादलों को
अभी अभी
उड़ा ले गई अपने साथ

पीले उजाले में
चकित हरे पेड़
सफेद मुँडेरें
सुर्ख गुलमुहर
सलेटी एंटीना की भीड़
पूरे दृश्य को
पतंग की तरह उड़ाती
भागी जा रही थी लड़की
जैसे
पृथ्वी से बाहर निकलकर ही दम लेगी

हवा के लिए
असम्भव था मगर
पृथ्वी से बाहर जा पाना।

साथ-साथ आईने में

इस तरफ थी वह
दरवाज़े के

साथ-साथ आईने में झाँकते
मकान और आसमान
उस तरफ

अन्तहीन उजले आसमान में
धमकी की तरह
एकलौता एक
अँधेरा मकान।

जैसे कभी

इस तरह निकली
घर से
जैसे कभी लौटना न हो
नहीं देखा पलट कर

हो सकता है
धर दबोचे घर
हो सकता है लील जाए
हो सकता है
घिसटता चला आए
पीछे पीछे

होता रहे पीछे
कुछ भी करता हुआ घर

आगे वह थी
अपने आगे आगे।

होते-होते

थी कहीं देह में
सूने की तरह
छिपी हुई देह के पीछे
होते होते
अचानक न होती हुई
निकल आई
सतह पर
घूमती हुई फिरकनी की तरह
अधर में उठती हुई।

देह

तुम्हारे आने से पहले
अभी अभी
एक नाम थी उसकी देह
भव सागर में
अभी अभी हुई
पहली बार देह
थिरकती रही
देर तक
होने न होने के बीच
होती हुई देह।

हाथ

छूता है तुम्हारा हाथ अभी भी
उसी तरह
यही एक बात है
तुम्हारी तरफ

यह एक वजह हो सकती है
देह और हाथ के बीच
किसी चीज़ के न टिक पाने की

इसी तरह
अलग हुई
रही अलग
अपनी देह से
अब अगर साथ रहना हुआ
तो होगा
इसी की वजह से।

दुविधा में

कन्धे पर
पड़ा था हाथ
और भूल गया था
कि वो कहाँ है
हाथ को पता नहीं था
कि वह उसका है
या पति का
दुविधा में था हाथ
कि वह कन्धे पर है
या नहीं?
दूसरा हाथ
नहीं बता सकता कुछ भी
पहले हाथ के होने या न होने के बारे में।

एक दिन

हाथ को पता नहीं चला
वह कब और कैसे मरा
एक दिन
मरा पाया मैंने
अपने हाथ को
उसे हटाया
हटा नहीं
दबाया
दबा नहीं
काटा वह कटा नहीं
जलाया जला नहीं
हिलगा रहा कन्धे से
उसी तरह।

इस तरह

बिस्तर से उठकर
वापस लौटने तक
आज मिली
मित्रा, बंटू, कस्तूरीबाई, मुखर्जी साहब और शशी से
नहीं शशी की दोस्त से
बस से उतरते समय
नीचे खड़ी उसने
खुशी से उछलकर
पकड़ लिया था उसका हाथ
तुम शशि हो न?
शशि वह नहीं थी
इन्कार मगर नहीं कर पाई
शशि होने से।

जिन लोगों से मिली
उनमें से
कुछ को पहचाना
कुछ को सिर्फ दर्ज़ किया
जैसे वह भौचक्का लड़का
कहाँ था वह?
दफ्तर में? किसी सिनेमा में?

पोस्टर में?
इतना भौचक्का था लड़का
कि जगह
जहाँ वह था
छिप गई थी उसके पीछे।

सब्ज़ी खरीदने मोहल्ले में निकली
कई दिनों बाद सुनाई दी थी
कालू की आवाज़
महँगी मगर ताज़ा सब्ज़ी देने के बाद
सौगात की तरह देता था वह
थोड़ा-सा धनिया और मिर्च
अरे! कहाँ थे तुम इतने दिन?
खुश होकर पूछा उसने
गठिये से परेशान था—
झेंपते हुए सब्ज़ी तौलने लगा वह

मोहल्ला बहुत बड़ा था
और कालू
अपने घर से अधिक
रहता था मोहल्ले में।
तीस से अधिक का नहीं हो सकता
अभी कालू।

नियमवाले काम हुए नियम से
एक भी नहीं छूटा
पेड़ के पास बैठकर सब्ज़ी काटी
काटते काटते चाय पी
तय नहीं कर पाई

कि पेड़ अधिक मशगूल था या वह!
छत पर गई/बहुत दिनों बाद चखा धूप का स्वाद
दफ्तर गई
अपने नाम आनेवाले मराठी अख़बार से
चार-पाँच शीर्षक पढ़े
एकाध छोटा समाचार विस्तार से पढ़ डाला
इस तरह मराठी का अभ्यास किया

तीन चिट्ठियाँ लिखीं
सरकार को आवेदन भेजा
दिन भर किए कामों की फेहरिस्त
मित्रा को सुनाते हुए
थकान महसूस की, लेटने के बाद।

बिस्तर पर लौटते हुए
छूट गई
हर बार की तरह
अपने से दो कदम दूर

इस तरह
मीलों दूर चली गई अपने से
दूसरे लोक में जाने की तरह।

घर न सीढ़ियाँ

ऊपर जानेवाली सीढ़ी पर बैठी
घर को ऊपर से नीचे
नीचे से ऊपर
जाने से रोकती
गप्पें लड़ाती दादी से।

बाहर हों न हों
घर के भीतर थीं सीढ़ियाँ
एक से लगाकर तेरह तक
इससे अधिक सीढ़ियाँ
घर में कहीं नहीं थीं
एक साथ
भीतर ही भीतर
चढ़ता-उतरता घर
छूट जाता बीच सीढ़ी पर
भूल जाता
ऊपर जा रहा था कि नीचे
उसके खड़े होते ही
खड़ा हो जाता पीछे
छत पर जाते समय

आगे निकल जाता फलाँगता हुआ
नीचे उतरते हुए
लुढ़कता जाता आगे आगे
टप्पें खाता हुआ।

बचाकर

प्रलय के न आने पर भी
बचा लेती थी
हर चीज़ को थोड़ा-थोड़ा
कहते कहते बात को
पढ़ते पढ़ते किताब को
देखते देखते आसमान को
चलते चलते सड़क को
निकलते हुए घर को
लौटते हुए बाहर को
बीतते हुए समय को
बचाकर ले आती भीतर

छूट जाता अपना आप
कहीं भी लेटे हुए पेड़ के पैताने
बस की खिड़की में
दोस्त की हथेली पर
या सड़क पर आगे-आगे दौड़ती
पीले पत्तों की नदी में।

बार बार

टिमटिमाती बत्तियों में
इस वक़्त
सिमट आया था शहर
उसके इर्द-गिर्द
दिन भर
एक से दूसरे, दूसरे से तीसरे
पहाड़ पर चढ़ने-उतरने
घाटियों में
भटकने के बाद
शहर के जाने और लौटने के बीच का फासला
घट जाता हर बार
थोड़ा न थोड़ा
जितनी दूर जाती
उससे कम ही लौट पाती।

निकलते-निकलते

अपने से बाहर निकला वह
निकलते-निकलते हुआ
कहीं पेड़
कहीं धूल
कहीं पानी
बाहर निकलकर
खोजा
अपने लापता आपको

खट् से
उठ खड़ा हुआ
खतरे में पड़ा पेड़
पेड़ सिर्फ पेड़ था
हवा नहीं था
बादल भी नहीं
धूल को छोड़
कुछ और नहीं थी धूल
पानी
बस पानी था।

सह्याद्रि के पहाड़ों में

उससे एकदम उलट दिशा में भागते
सह्याद्रि के पहाड़ों में
सुबह सुबह
धरती के उड़ने की आशंका

टोंच से उड़ी
फुलचुक्की की देह में
धरती का लाघव

पृथ्वी पर पड़ती
अपनी ही छाया में
धरती के लौट आने का भाव।

होने का शब्द

नदी अगर थी
तो कहाँ थी?
कब थी?
पेड़ों को कैंया लिए भागती नदी
मन ही मन आवाज़ दी
नदी को
कि होगी तो बोलेगी
हथेली से मूँद दिया
आसपास के सारे शब्दों को
कि निःशब्दता में सुनाई दे
नदी के होने का शब्द।

साइकिल सवार और स्त्री

साइकिल सवार की पीठ पीछे
हवा में पैर उछाले
बैठी स्त्री के
वहाँ होने का पता
जरूरी नहीं कि
साइकिल सवार को हो (ही)।

हवा में पैर उछाले
(ऐसे) बैठी थी स्त्री
जैसे हवा उसे उड़ा रही हो

झड़ते झड़ते
ठहर गए पत्ते सी
थमी थी स्त्री
अपने आप
साइकिल की पिछली सीट पर

उसके थमने की ही तरह
कभी भी शुरू हो सकती थी
(झड़ते झड़ते) उसके
उड़ने की
या उड़ते-उड़ते झड़ने की प्रक्रिया।

इतनी पास

बढ़ी है आस ही पास
आँखों को उलझाए रखने वाली
घटनाओं, स्थितियों, चीज़ों की तादाद
इतनी बढ़ी
कि गिने चुने ही बच गए
दूर देखने के अवसर
सिकुड़ती चली गयी लगातार
मीलों दूर तक फैली जगहें
घटते गए चरागाह, मैदान
ओसारे, चौबारे, दालान
कम होता गया
एक और दूसरी चीज़ के बीच का फासला
पास आती गयीं चीज़ें
इतनी पास
कि एक दूसरे का आसपास हो गयीं।

सामने अगर

सामने अगर
जामुन है
तो पीठ पीछे घर का होना तय है
जामुन न होकर
वह आम, गूलर, नीम या आकाशनीम भी हो सकता था
होता अगर आम
जाड़ा उतरते बौरा उठता
अपनी डगाल से दूर जाकर
नीचे को लटकतीं
टपकने को तैयार केरियाँ
बीच गर्मियों में।
तने ही तने फलता गूलर
शुरू बरसात में
झड़ी की तरह
झड़ जाता पूरा पेड़
चार-पाँच दिन में ही।
आकाशनीम अगर होता
पूरा सजता बरसात की बाद की पूर्णिमा से पहले
जैसे किसी ने सजाया हो
सफेद का साज।
वह जामुन था

गरमी भर रहता मगन
अपने हरे वैभव में,
अषाढ़ में हो जाता
बादलों के साथ होड़ बदते
जामुनी गुच्छों का डोलता हुजूम

आम, पपीते, केले की तरह
जामुन को अभी नहीं भूला था
पेड़ पर फूलों के पकने का अनुभव।

जाने से पहले

ऊपर कब जाएँगे
वे पूछ रहे थे
सबसे ऊपर की मंज़िल पर थे हम
जैसे दुनिया से बाहर हों

खिड़की के बाहर था
समुद्र की तरह पूरे आसमान को थामे
एकलौता एक पीपल
सीढ़ियाँ चढ़कर नहीं आए थे वे ऊपर
हो सकता है
चढ़ना-उतरना भूल चुके हों
अब तक
उनके पैर
पहले ही पता चल गया होगा
पैरों को
कि ऊपर जाने के लिए उनका चलना ज़रूरी नहीं।

पिता

चले जाएँगे वे
एक दिन
उसे पता था
उस दिन भी
जब दरवाज़े के उस तरफ से
इस तरफ खड़ी उसे देखते हुए
वे बोले थे
तुम्हारे चेहरे में कुछ है मेरा

दरवाज़े के उस तरफ
अब नहीं हैं वे
उसके चेहरे में बचे हैं
थोड़े से अब भी।

इमरती

क्या कहते हैं वो...
जानना चाहा था उन्होंने
जलेबी की तरह की मिठाई का नाम
इमरती?
हाँ...
इमरती
बची रह गई जलेबी के बूते
उन्होंने खोज निकाला था आखिर
अपनी खो चुकी इमरती को
"अरी ओ इमरती"?
उन्होंने पुकारा
जैसे उनकी ओर पीठ किए खड़ी इमरती
उन्हें दिखाई तो शुरू से दे रही हो
और उसका नाम
कहीं खो गया हो।

गड्डमड्ड समय

तुम कब जाओगी?
—अभी नहीं
—देर हो जाएगी
—रात में तुम यहाँ रहोगी?
—हाँ...नहीं
यहाँ मुझे, वे रहने नहीं देंगे
—तो तुम जाओ
सुन्दरवन की तरफ से जाओगी?
—सुन्दरवन?
कौन सा? कहाँ होगा सुन्दरवन?
वे देखते रहे
—सुन्दरवन की बगल से ही न जाओगी
ओ हाँ
सुन्दरवन
आधी दूर तक गली को छेकता
कई सारे मकानों और कई सारे पेड़ों वाला
वह बड़ा भारी अहाता
हाँ, वहीं से, वहीं से
कौन सोएगा?
समीर
बहुत रात में आएगा वह

मोहल्ला सूना हो जाएगा तब तक
नहीं होगा
यों भी सूना कहाँ हो पाता है
कभी भी, कुछ भी?
और अभी तो सुबह है
एकदम सुबह
खिड़की की ओर उठी उनकी आँखों में
आशंका थी
बाहर सबेरा था
अपनी ताज़गी में दमकता सबेरा।

पहुँच से परे

उनके हाथ को
अपने हाथ में लिए सहलाती
चकित थी–
इतनी लम्बी चौड़ी देह का
वह हाथ
सेमल की तरह मुलायम था
अब भी
और वे लगातार
नाम लेकर पुकार रहे थे उसे
जैसे वह दूर कहीं हो
आवाज़ की पहुँच से परे।

बाबू

वहीं पड़ा है सन्दूक
तुम्हारे जाने के बाद भी
उसी कोने में
गाढ़े की कमीज, पाजामा, टोपी, हुक्का
जैसा भी कुछ पड़ा है ऊपर
दरवाज़े से उसी तरह
सटी है चारपाई
कि आते-जाते
पहचान लो अपना ठौर
और सुस्ता लो
कुछ देर।

दूसरे की जगह

पति के आने का
उन्हें पता चले
इससे पहले ही चला गया था वह
उनके जीवन से
सार वह होता न होता
उनके जीवन का,
पैदा हो सकता था,
थोड़ा सा सार
रंग या स्वाद या शब्द के बूते।
ऐन रंग के फूटने
स्वाद के जागने
शब्द के जनमने के क्षण ही
समेट ले गया वह उन्हें भी
अपने साथ।
अब सिर्फ ईश्वर बचा था
उनके लिए
—ईश्वर ही सही कहा—उन्होंने
हर चीज़ की जगह
बसाती गई वे ईश्वर को।

हर जगह से भागता रहा वह
लगातार किसी दूसरी जगह
हर जगह किसी दूसरे की जगह थी
उसकी नहीं।

उसका नाम

परमा का घरवाला
और
लच्छी का बाप,
होने के बावजूद
देबू...देबू था

नाम यों तो था उसका भी
ठीक देबू की ही तरह
परमा।
कम ही लोग जानते थे उसे
नाम से
'परमा'...
पुकारे जाने पर
याद दिलाना पड़ता था उसे
अपने आपको
कि परमा यानी मैं
कि कोई मुझे बुला रहा है
कि मैं यानी
लच्छी की माँ नहीं
कि देबू की घरवाली नहीं
कि मैं यानी मैं, परमा।

बड्डीबाई

अक्षरों को देखतीं तो वे
शुरू से आयी थीं
दुकानों की तख्तियों पर
दीवारों पर
रेलवे स्टेशनों पर
देखकर पहचान भी लेती थीं
कुछ को बड्डीबाई
अ और क
अक्सर होते शुरू में
और आते सबसे अधिक बार

पैंतीस साल की होने तक
सिर्फ़ बोलती रही थीं वे
अक्षरों को
बिना पहचाने ही
अक्षर से अधिक
वे चित्र थे उनके लिए

बड्डीबाई के सपने में था
उनका घर
घर में आँगन

आँगन में नीम का पेड़
पेड़ के नीचे गेहूँ पछोरती बड्डीबाई
और उनकी पीठ पीछे
बोल बोलकर
पट्टी पर अ को घोटती रूपी
याद हो जाने पर
पट्टी को
माँ और सूपे के बीच ले जाकर
पूछती है रूपी
देख माँ, ये क्या है?
गौर से देखती हैं बड्डीबाई
पट्टी पर के अक्षर को
देखा तो है इसे पहले भी
सोचती हैं वे
माई री अ है अ
अब भूलना नहीं
इसी तरह घोटती रही रूपी
और दिखाती रही माँ को
देख ये क है और ये च, ये त, ये व, ये स, ये र
दिखा तो कैसा होता है स और व और त
एक के बाद एक सबको पहचानती गई
और बनाती गई मिट्टी पर
सा...व...त...री...
अपनी आँखों से
देख रही थीं बड्डीबाई
पहली बार
अपने नाम को
और चकित थीं।

ऐसी एक जगह

सब कुछ होता है
उसके गिर्द
हर वक़्त
कभी वो सब जो यहाँ हैं
कभी वे लोग
जो कलकत्ता के
दोतले घर में रहते हैं
जिन्हें
सिर्फ तस्वीर में देखा था
कभी वे
जो थे सुदूर बचपन में
कभी वो सब
जो हो सकते थे
मगर हैं नहीं
घेरे रहते हैं उसे
नींद ही है
ऐसी एक जगह
जहाँ कोई नहीं होता
खुद भी कहाँ होती है?
सपने में होती है कभी-कभी
सपने को देखती हुई।

एक बार होने के बाद

जानती है
कितनी सारी ऐसी बातें
जिन्हें न जानना
उसके हक में हो सकता था
यह भी जानती है
कि सम्भव नहीं अब
उन्हें न जानना
याद आते हैं वो चेहरे
जिन्हें न देखा होता
तो कभी अस्तित्व में न आते
कम-से-कम
उसके लिए
कतई गैरजरूरी था
उन्हें देखना
अब अनहुए नहीं हो सकते वे
एक बार होने के बाद।

इससे पहले

इससे पहले
किसी दृश्य की तरह
नहीं देखा कभी
अपने शहर को
नहीं गई कभी
उस तरह
शहर से बाहर
इससे पहले

कुछ दूर तक गई
उसी सतह पर
यह भी नहीं था उस तरह
शहर से बाहर जाना

दृश्य में
किसी दूसरे
और अधिक सुन्दर शहर की तरह
था अपना शहर

अपने होने को
शहर में
दृश्य की तरह देखती हुई
दृश्य में शामिल थी वह।

न होने की तरह

—वह आया था
—नहीं आया
—आया था
—न होने की तरह
था
—आस-ही-पास
—न होने की तरह
—समय की तरह
—इस कदर था
कि शक नहीं हुआ किसी को
उसके होने के बारे में।

थोड़ी-सी और

थोड़ा-थोड़ा
रोज़ डूबती है
सूरज के साथ-साथ
दुनिया मगर
डूबती नहीं
न उसके न सूरज के साथ
रोज़ थोड़ी-सी और
निकल आती है बाहर
पृथ्वी से
पत्ती से लगाकर
पहाड़ तक
कुछ भी
या सब कुछ हो सकती है एक साथ।

कब थी वह नदी
कहाँ थी
कब डूबी वह नदी में
कब हुई नदी
तिनके के साथ-साथ
तैर रहा था उसका घर
उसके डूब जाने के बाद।

होड़

तना है
ऐन घर के सामने
हरा भरा छाता
घर से सात फीट की दूरी पर
उगा था एक दिन
नीचे से ऊपर तक
देखा था उसने
आसमान में पहुँचे घर को
एक सिरे पर वह था
दूसरे पर आसमान
निकलती हुई पत्ती पर थिरकता हुआ
तना है अब ठीक सामने
घर के ऊपर तक
दहकती धूप में
मची रहती है होड़
इसके हरे और धूप की तेज़ी के बीच
होड़ में सदा जीतता आया है पेड़
खड़ा है इस वक्त भी
विजेता की मुद्रा में
अपनी हरी देह से ठेलता
कभी धारण कर लेता

धूप को
आने नहीं देता भीतर
गुँथे रहते छाते में ही
धूप और आसमान और अँधेरा

समुद्र की ओर

समुद्र की ओर
मुँह करना
बाकी दुनिया की ओर
पीठ फेरने की तरह था
यों भी दो ही विकल्प हो सकते थे दुनिया के
समुद्र
या आसमान
ऐसे
जैसे समुद्र और आसमान
बाहर हों दुनिया से।

उम्मीद

इधर कुछ उम्मीद
हो चली थी
अच्छे वक्त की
बकौल माँ के
बरसों पहले बीत चुका था
अच्छा वक्त

आस-पड़ोस में, चौराहों पर
एक अनवरत खुसर-फुसर
कोई उम्मीद नहीं की जा सकती
आनेवाले वक्त से
मुश्किल है वक्तों में फर्क कर पाना

बचा है
एक ही वक्त
आदमियों पेड़ों और जीव जन्तुओं के लिए

ऐसे में
सम्भव है
गहरी नींद सोई मिले
युद्ध के दिनों में

हो सकता है
युद्ध घुस आए कमरे में
उसे बाहर करता हुआ

आदमी अभी भी आदमी था
जीव जन्तु जीव जन्तु
उसका शरीर भी उसी का था
वह एक औरत
जो किसी दूसरी जैसी नहीं
हो सकता है
बचा हो अब भी अच्छा वक्त
उसके लिए।

लबादा

लबादों की तरह
लदता गया घर
लगातार
उस पर
उतार फेंका एक दिन
लग गया ढेर कोने में
उससे कई गुना बड़ा
सिर उठाकर देखना पड़े
इतना बड़ा
इससे पहले
कि बढ़कर ढँक लेता वह
झपट कर पहन लिया उसने
आसमान
खुला खुला।

किसी दूसरे दिन

कागज़ को कागज़
पत्थर को पत्थर
और घर को घर बनाती
फैल जाती
तमाम चीज़ों के भीतर
बस जाती
किसी दूसरे दिन
सिकुड़ जाती
ऐन वक़्त
अपने साथ-साथ
चीज़ों को
होने से बेदख़ल करती हुई।

नाच

नाच में शामिल थे
कालिय की पूँछ
और कालिय का फन
डूबा था जमुना में
थमे पैर के नीचे का फन

उठ आई थी जमुना
अधर में उठे
नाचते पैर के साथ-साथ।

छाया न डालते हुए

धूप की तरह
लगातार खिसकता समय
किसी भी चीज़ में
लगातार अपनी छाया न डालते हुए
बीत जाता
किसी भी चीज़ से
अपने बीतने का पता
चीज़ को चले
इससे पहले।

उड़ते-उड़ते

सीटी की तरह बजते हुए
उड़ रही फुलचुक्की
उड़ते-उड़ते
थोड़ा-सा ठिठकी नीम पर
बजने लगा नीम
फिर ठिठकी आम पर
बजने लगा आम
एक के बाद एक
पेड़ों पर ठिठकती हुई फुलचुक्की
और बजते गए पेड़
शहर भर में
सीटी की तरह।

नाम

भूल गया मुझको
वह नाम
जो तुम्हें देना चाहती थी
इस प्रक्रिया में
देती चली गई
एक के बाद एक नाम
वे एक हज़ार हो गए
बिना उस नाम के ही
जिसे मैं
तुम्हें देना चाहती थी।

दूसरे सिरे पर

अब भी हरा
हो सकता है
पत्ता
अपने दूसरे सिरे पर
आखिरी बार
हरा।

अभी-अभी

कुछ नहीं था
यहाँ
अभी कुछ देर पहले
अभी-अभी
खड़ी थी
जंगल से पीठ टिकाए
जंगल के हरे को सुनती हुई
जैसे जंगल उसका हो।

चलते-चलते

चलते-चलते
ऐन अचम्भे की तरह
सामने था
हरी गुनगुनाहट की शक्लवाला पेड़
जैसे सौगात में मिला हो।

उस दिन भी

रोज़ की तरह
उस दिन भी खुली थी
उनकी नींद
अँधेरे अँधेरे
कमरे में नहीं होता था कभी
उतना अँधेरा
कि चीज़ों के चेहरे दिखाई न दें
बाहर खुले में फेरतीं वे माला
रोज़ मुँह अँधेरे
माला पूरी होते-होते
दिखनी शुरू हो जातीं चीज़ें
पूरी दुनिया
धीरे-धीरे
और वे दुनिया में प्रवेश करतीं
उस दिन भी की थी उन्होंने
उठने की कोशिश
रोज़ की ही तरह
सामने दोनों हाथ टेककर
खड़ी होने के बदले
बैठ गईं वे उतनी ही बार
कि बैठी की बैठी रह गईं

आवाज़ दी पोते को
बढ़ा दिया हाथ
कि ले खड़ा तो कर
दोनों हाथों से पकड़
खड़ा करना चाहा पोते ने
हवा में झूलते छूट गए
उनके पैर।
उन्हें पता नहीं था
बाहर खुले में
माला फेरने का
वह, उनका आखिरी दिन था।

किसी दूसरी जगह

पहले ही
दूर चली गई
घर से
किसी दूसरी जगह जाने की तरह
कि लौट आए
घर लौटने की तरह।

निहोरा

वह गिना रहा था
वृक्षों में अश्वत्थ हूँ
पर्वतों में हिमालय
नदियों में गंगा
नक्षत्रों में मार्गशीर्ष
वह गिनाता जा रहा था
और वह मनाती
कि बस एक उसे भूल जाए—
—सुगन्धों में मिट्टी की सुगन्ध होना
नसरीन की तर्ज़ पर
उससे निहोरा करने को तैयार थी वह
कि सारे रंग तुम ले लो
बस काला और सफेद
छोड़ दो मेरे लिए।

सुबह-सुबह

जागने का रास्ता
डूब जाता
सुबह-सुबह
नींद के अथाह में।

छूटी हुई जगह

कढ़े हुए से
अधिक कढ़ी थी
छूटी हुई जगह।

सड़क

पता नहीं चला
गड्ढा सड़क में था
कि गड्ढे में थी सड़क
कूबड़ की तरह
उठी हुई।

नीलगढ़

नीलगढ़, नीलगढ़ था
इसलिए
धूपगढ़ नहीं या वह/बांधवगढ़ भी नहीं।
आसमान से उपजा
राजा नील के नीले से नीला
नीलगढ़।

मुम्बई

पैदा होने के दिन से
हरदम कूदने को
झुका शहर
समुद्र पर।

रोज़-रोज़

एक जंगल था
जंगल में एक चिड़िया थी
रोज़-रोज़
एक ही पेड़ पर बैठती थी
जबकि
सारा जंगल पड़ा था।

कभी-कभी होता
उसका घर
किसी पेड़ पर
या किसी टाँड पर।

उसी पेड़ पर बैठे
याद नहीं आता उसे
कि कभी घर बनाया था
इसकी सबसे ऊँची डगाल पर
जितना होता
उससे अधिक नहीं होता
उसका घर।

खेलते पेड़ की छाया

पेड़ के नीचे खड़ी हो रही हूँ
सोचकर
खड़ी नहीं हुई थी पेड़ के नीचे
चलते-चलते
जहाँ खड़ी हुई
वह जगह पेड़ की छाया थी
पृथ्वी पर खेलती
आसमान में खेलते पेड़ की छाया
पृथ्वी से पहले खेलती
उसकी देह पर
जैसे वह
फिसलपट्टी हो।

हाथी

अपनी जगह खड़े-खड़े
रौंद रहा था
पूरे विस्तार को
जगह-जगह धँस गई थी
उसके
सम्भावित पैरों तले की पृथ्वी।

वह

अपने केशों को
वस्त्र की तरह पहने
बैठी थी
घुटनों पर हाथ बाँधे
अपनी ही बाँहों से घिरी।

रात-दिन / लिखत की तरह

अपने को
स्लेट की तरह थामे
खड़ी थी रात

सफेद लिखत की तरह
उड़ता
आ रहा था दिन
रात के अतल से!

कि न होऊँ

समय
हमेशा मिलता किश्तों में
समय की किश्त में
जो जो करना होता
उसकी सूची लम्बी होती जाती
हर बार
किश्तें कम
हर बार
हर किश्त की शुरुआत में
सैकड़ों इच्छाएँ—
पानी पीऊँ
उसके साथ रहूँ
समुद्र को देखूँ
बात करूँ
चिट्ठी लिखूँ
पढ़ूँ
घूमने जाऊँ
उठूँ, बैठूँ-सोऊँ
सोचूँ

कुछ न करूँ
कुछ न सोचूँ
होऊँ
कि न होऊँ।

तस्वीरवाली लड़की

एक शाम
उसने तस्वीरवाली लड़की के साथ बिताई
तस्वीर अगर
रसोई में न होती
तस्वीरवाली लड़की के साथ
सम्भव है
वह कभी, कोई शाम
न गुजारती
तस्वीरवाली लड़की हँस रही थी
एक लड़की की तरह
रंगों ने
अपना पड़ोस आप चुना था
रंगों में
रात का स्वाद था
उजाले की परछाईं भी।

सपने की छाया

उसके सपने की छाया
सरसराती
उसकी नींद के अँधेरे में
सपने का वह
उसे छूता
सपने की छाया में
रोशनी की तरह।

न होना

होने की नोक पर थिरकता
उसका न होना
इतना सारा था
कि
उँगली पर के गोवर्धन की
याद दिलाता था।

तितली का मन

फूल पर मँडराती तितली का मन
एक दिन/फूल होने का हुआ
उस एक दिन
उड़ता रहा फूल दिन भर
डगाल से हिलगा हिलगा
चट्टान पकड़कर
झूलता रहा लड़का
हवा में दिन भर
हवा भी लड़के के साथ-साथ दिन भर

चुम्बक धरती के भीतर था
सब कुछ की जड़ की तरह
सब कुछ धरती पर था
सब कुछ में शामिल थे—
बैठे-बैठे उड़ता फूल
और बैठे-बैठे उड़ते फूल पर
उड़ते-उड़ते बैठी तितली।